TRANZLATY

Η γλώσσα είναι για όλους

Language is for everyone

Ο Αλαντίν και το υπέροχο λυχνάρι

Aladdin and the Wonderful Lamp

Αντουάν Γκάλαντ
Antoine Galland

ελληνικά / English

Copyright © 2025 Tranzlaty
All rights reserved
Published by Tranzlaty
ISBN: 978-1-83566-921-1
Original text by Antoine Galland
From ''*Les mille et une nuits*''
First published in French in 1704
Taken from The Blue Fairy Book
Collected and translated by Andrew Lang
www.tranzlaty.com

Μια φορά κι έναν καιρό ζούσε ένας φτωχός ράφτης
Once upon a time there lived a poor tailor
αυτός ο φτωχός ράφτης είχε έναν γιο που τον έλεγαν Αλαντίν
this poor tailor had a son called Aladdin
Ο Αλαντίν ήταν ένα απρόσεκτο, αδρανές αγόρι που δεν έκανε τίποτα
Aladdin was a careless, idle boy who did nothing
Ωστόσο, του άρεσε να παίζει μπάλα όλη μέρα
although, he did like to play ball all day long
αυτό το έκανε στους δρόμους με άλλα αδρανοποιημένα αγόρια
this he did in the streets with other little idle boys
Αυτό λύπησε τόσο πολύ τον πατέρα που πέθανε
This so grieved the father that he died
η μητέρα του έκλαψε και προσευχήθηκε, αλλά τίποτα δεν βοήθησε
his mother cried and prayed, but nothing helped
παρά την ικεσία της, ο Αλαντίν δεν τα κατάφερε
despite her pleading, Aladdin did not mend his ways
Μια μέρα, ο Αλαντίν έπαιζε στους δρόμους, ως συνήθως
One day, Aladdin was playing in the streets, as usual
ένας άγνωστος τον ρώτησε την ηλικία του
a stranger asked him his age
και τον ρώτησε, "δεν είσαι ο γιος του Μουσταφά του ράφτη;"
and he asked him, "are you not the son of Mustapha the tailor?"
«Είμαι ο γιος του Μουσταφά, κύριε», απάντησε ο Αλαντίν
"I am the son of Mustapha, sir," replied Aladdin
"αλλά πέθανε πριν από πολύ καιρό"
"but he died a long time ago"
ο ξένος ήταν ένας διάσημος Αφρικανός μάγος
the stranger was a famous African magician
και έπεσε στο λαιμό του και τον φίλησε
and he fell on his neck and kissed him

«Είμαι ο θείος σου», είπε ο μάγος
"I am your uncle," said the magician
«Σε γνώρισα από την ομοιότητα σου με τον αδερφό μου»
"I knew you from your likeness to my brother"
«Πήγαινε στη μητέρα σου και πες της ότι έρχομαι»
"Go to your mother and tell her I am coming"
Ο Αλαντίν έτρεξε στο σπίτι και είπε στη μητέρα του τον θείο του που είχε πρόσφατα βρει
Aladdin ran home and told his mother of his newly found uncle
«Μάλιστα, παιδί μου», είπε, «ο πατέρας σου είχε έναν αδερφό».
"Indeed, child," she said, "your father had a brother"
"αλλά πάντα νόμιζα ότι ήταν νεκρός"
"but I always thought he was dead"
Ωστόσο, ετοίμασε το δείπνο για τον επισκέπτη
However, she prepared supper for the visitor
και είπε στον Αλαντίν να αναζητήσει τον θείο του
and she bade Aladdin to seek his uncle
Ο θείος του Αλαντίν ήρθε φορτωμένος με κρασί και φρούτα
Aladdin's uncle came laden with wine and fruit
Έπεσε κάτω και φίλησε το μέρος που καθόταν ο Μουσταφά
He fell down and kissed the place where Mustapha used to sit
και είπε στη μητέρα του Αλαντίν να μην εκπλαγεί
and he bid Aladdin's mother not to be surprised
εξήγησε ότι ήταν εκτός χώρας για σαράντα χρόνια
he explained he had been out of the country for forty years
Έπειτα στράφηκε στον Αλαντίν και του ζήτησε το εμπόριό του
He then turned to Aladdin and asked him his trade
αλλά το αγόρι κρέμασε το κεφάλι του από ντροπή
but the boy hung his head in shame
και η μητέρα του ξέσπασε σε κλάματα
and his mother burst into tears

οπότε ο θείος του Αλαντίν προσφέρθηκε να προσφέρει φαγητό
so Aladdin's uncle offered to provide food
Την επόμενη μέρα αγόρασε στον Αλαντίν ένα ωραίο σετ ρούχα
The next day he bought Aladdin a fine set of clothes
και τον πήρε σε όλη την πόλη
and he took him all over the city
του έδειξε τα αξιοθέατα της πόλης
he showed him the sights of the city
το βράδυ τον έφερε στο σπίτι στη μητέρα του
at nightfall he brought him home to his mother
η μητέρα του χάρηκε πολύ που είδε τον γιο της τόσο καλά ντυμένο
his mother was overjoyed to see her son so well dressed
Την επόμενη μέρα ο μάγος οδήγησε τον Αλαντίν σε μερικούς όμορφους κήπους
The next day the magician led Aladdin into some beautiful gardens
ήταν πολύ μακριά από τις πύλες της πόλης
this was a long way outside the city gates
Κάθισαν δίπλα σε μια βρύση
They sat down by a fountain
και ο μάγος τράβηξε μια τούρτα από τη ζώνη του
and the magician pulled a cake from his girdle
μοίρασε την τούρτα στους δυο τους
he divided the cake between the two of them
Μετά ταξίδεψαν προς τα εμπρός ώσπου σχεδόν έφτασαν στα βουνά
Then they journeyed onward till they almost reached the mountains
Ο Αλαντίν ήταν τόσο κουρασμένος που παρακάλεσε να γυρίσει πίσω
Aladdin was so tired that he begged to go back
αλλά ο μάγος τον ξεγέλασε με ευχάριστες ιστορίες
but the magician beguiled him with pleasant stories
και τον οδήγησε παρά την τεμπελιά του

and he led him on in spite of his laziness
Επιτέλους έφτασαν σε δύο βουνά
At last they came to two mountains
τα δύο βουνά χωρίζονταν από μια στενή κοιλάδα
the two mountains were divided by a narrow valley
«Δεν θα πάμε πιο μακριά», είπε ο ψεύτικος θείος
"We will go no farther," said the false uncle
«Θα σου δείξω κάτι υπέροχο»
"I will show you something wonderful"
«μάζεψε ξύλα, ενώ εγώ ανάβω φωτιά»
"gather up sticks, while I kindle a fire"
Όταν άναψε η φωτιά, ο μάγος πέταξε πάνω της μια σκόνη
When the fire was lit the magician threw a powder on it
και είπε μερικά μαγικά λόγια
and he said some magical words
Η γη έτρεμε λίγο και άνοιξε μπροστά τους
The earth trembled a little and opened in front of them
αποκαλύφθηκε μια τετράγωνη επίπεδη πέτρα
a square flat stone revealed itself
και στη μέση της πέτρας ήταν ένα ορειχάλκινο δαχτυλίδι
and in the middle of the stone was a brass ring
Ο Αλαντίν προσπάθησε να το σκάσει
Aladdin tried to run away
αλλά ο μάγος τον έπιασε
but the magician caught him
και του έδωσε ένα χτύπημα που τον γκρέμισε
and gave him a blow that knocked him down
«Τι έχω κάνει, θείε;» είπε με θλίψη
"What have I done, uncle?" he said, piteously
ο μάγος είπε πιο ευγενικά, "Μη φοβάσαι τίποτα, αλλά υπάκουσέ με"
the magician said more kindly, "Fear nothing, but obey me"
"Κάτω από αυτή την πέτρα κρύβεται ένας θησαυρός που πρέπει να είναι δικός σου"
"Beneath this stone lies a treasure which is to be yours"

"Και κανένας άλλος δεν μπορεί να αγγίξει αυτόν τον θησαυρό"
"and no one else may touch this treasure"
"άρα πρέπει να κάνεις ακριβώς όπως σου λέω"
"so you must do exactly as I tell you"
Με την αναφορά του θησαυρού, ο Αλαντίν ξέχασε τους φόβους του
At the mention of treasure Aladdin forgot his fears
έπιασε το δαχτυλίδι όπως του είπαν
he grasped the ring as he was told
και είπε τα ονόματα του πατέρα και του παππού του
and he said the names of his father and grandfather
Η πέτρα ανέβηκε αρκετά εύκολα
The stone came up quite easily
και μερικά βήματα εμφανίστηκαν μπροστά τους
and some steps appeared in front of them
«Κατέβα κάτω», είπε ο μάγος
"Go down," said the magician
"στους πρόποδες αυτών των σκαλοπατιών θα βρεις μια ανοιχτή πόρτα"
"at the foot of those steps you will find an open door"
"Η πόρτα οδηγεί σε τρεις μεγάλες αίθουσες"
"the door leads into three large halls"
«Βάλε το φόρεμά σου και περπάτα από τις αίθουσες»
"Tuck up your gown and go through the halls"
"Φροντίστε να μην αγγίξετε τίποτα"
"make sure not to touch anything"
"Αν αγγίξεις οτιδήποτε, θα πεθάνεις αμέσως"
"if you touch anything, you will instantly die"
«Αυτές οι αίθουσες οδηγούν σε έναν κήπο με ωραία οπωροφόρα δέντρα»
"These halls lead into a garden of fine fruit trees"
"Περπατήστε μέχρι να φτάσετε σε ένα κενό στη βεράντα"
"Walk on until you reach a gap in the terrace"
"Εκεί θα δεις μια λάμπα αναμμένη"
"there you will see a lighted lamp"

«Ρύξε το λάδι της λάμπας»
"Pour out the oil of the lamp"
«Και μετά φέρε μου τη λάμπα»
"and then bring me the lamp"
Έβγαλε ένα δαχτυλίδι από το δάχτυλό του και το έδωσε στον Αλαντίν
He drew a ring from his finger and gave it to Aladdin
και τον πρόσταξε να ευημερήσει
and he bid him to prosper
Ο Αλαντίν τα βρήκε όλα όπως είχε πει ο μάγος
Aladdin found everything as the magician had said
μάζεψε λίγους καρπούς από τα δέντρα
he gathered some fruit off the trees
και αφού πήρε το λυχνάρι, έφτασε στο στόμιο της σπηλιάς
and, having got the lamp, he arrived at the mouth of the cave
Ο μάγος φώναξε βιαστικά
The magician cried out in a great hurry
«Βιάσου και δώσε μου τη λάμπα»
"Make haste and give me the lamp"
Ο Αλαντίν αρνήθηκε να το κάνει αυτό μέχρι να βγει από τη σπηλιά
Aladdin refused to do this until he was out of the cave
Ο μάγος πέταξε σε μια τρομερή οργή
The magician flew into a terrible rage
έριξε λίγη ακόμα σκόνη στη φωτιά
he threw some more powder on to the fire
και μετά έκανε άλλο ένα μαγικό ξόρκι
and then he cast another magic spell
και η πέτρα κύλησε ξανά στη θέση της
and the stone rolled back into its place
Ο μάγος έφυγε για πάντα από την Περσία
The magician left Persia for ever
αυτό έδειχνε ξεκάθαρα ότι δεν ήταν θείος του Αλαντίν
this plainly showed that he was no uncle of Aladdin's
αυτό που πραγματικά ήταν ήταν ένας πανούργος μάγος

what he really was was a cunning magician
ένας μάγος που είχε διαβάσει για ένα μαγικό λυχνάρι
a magician who had read of a magic lamp
μια μαγική λάμπα που θα τον έκανε τον πιο ισχυρό άνθρωπο στον κόσμο
a magic lamp which would make him the most powerful man in the world
αλλά μόνο αυτός ήξερε πού να βρει τη μαγική λάμπα
but he alone knew where to find the magic lamp
και δεν μπορούσε παρά να λάβει το μαγικό λυχνάρι από το χέρι κάποιου άλλου
and he could only receive the magic lamp from the hand of another
Είχε διαλέξει τον ανόητο Αλαντίν για αυτόν τον σκοπό
He had picked out the foolish Aladdin for this purpose
είχε σκοπό να πάρει τη μαγική λάμπα και να τον σκοτώσει μετά
he had intended to get the magical lamp and kill him afterwards
Για δύο μέρες ο Αλαντίν παρέμεινε στο σκοτάδι
For two days Aladdin remained in the dark
έκλαψε και θρήνησε την κατάστασή του
he cried and lamented his situation
Στο τέλος έσφιξε τα χέρια του σε προσευχή
At last he clasped his hands in prayer
και κάνοντας αυτό έτριψε το δαχτυλίδι
and in so doing he rubbed the ring
ο μάγος είχε ξεχάσει να του πάρει το δαχτυλίδι πίσω
the magician had forgotten to take the ring back from him
Αμέσως ένα τεράστιο και τρομακτικό τζίνι αναδύθηκε από τη γη
Immediately an enormous and frightful genie rose out of the earth
«Τι θα ήθελες να κάνω;»
"What would thou have me do?"
"Είμαι ο Σκλάβος του Δαχτυλιδιού"
"I am the Slave of the Ring"

"και θα σε υπακούω σε όλα"
"and I will obey thee in all things"
Ο Αλαντίν απάντησε άφοβα: "Πάρτε με από αυτό το μέρος!"
Aladdin fearlessly replied: "Deliver me from this place!"
και η γη άνοιξε από πάνω του
and the earth opened above him
και βρέθηκε έξω
and he found himself outside
Μόλις τα μάτια του άντεξαν το φως πήγε σπίτι
As soon as his eyes could bear the light he went home
αλλά λιποθύμησε όταν έφτασε εκεί
but he fainted when he got there
Όταν συνήλθε, είπε στη μητέρα του τι είχε συμβεί
When he came to himself he told his mother what had happened
και της έδειξε τη λάμπα
and he showed her the lamp
και της έδειξε τους καρπούς που είχε μαζέψει στον κήπο
and he showed her the fruits he had gathered in the garden
οι καρποί ήταν, στην πραγματικότητα, πολύτιμοι λίθοι
the fruits were, in reality, precious stones
Στη συνέχεια ζήτησε λίγο φαγητό
He then asked for some food
«Αλίμονο! παιδί μου», είπε
"Alas! child," she said
«Δεν έχω φαγητό στο σπίτι»
"I have no food in the house"
"αλλά έχω κλώση λίγο βαμβάκι"
"but I have spun a little cotton"
«Και θα πάω να πουλήσω το βαμβάκι»
"and I will go and sell the cotton"
Ο Αλαντίν της ζήτησε να κρατήσει το βαμβάκι της
Aladdin bade her keep her cotton
της είπε ότι θα πουλούσε τη μαγική λάμπα αντί για το βαμβάκι
he told her he would sell the magic lamp instead of the cotton

Καθώς ήταν πολύ βρώμικο, άρχισε να τρίβει τη μαγική λάμπα
As it was very dirty she began to rub the magic lamp
μια καθαρή μαγική λάμπα μπορεί να έχει υψηλότερη τιμή
a clean magic lamp might fetch a higher price
Αμέσως εμφανίστηκε ένα αποτρόπαιο τζίνι
Instantly a hideous genie appeared
ρώτησε τι θα ήθελε να έχει
he asked what she would like to have
στη θέα του τζίνι λιποθύμησε
at the sight of the genie she fainted
αλλά ο Αλαντίν, αρπάζοντας το μαγικό λυχνάρι, είπε με τόλμη:
but Aladdin, snatching the magic lamp, said boldly:
"Φέρτε μου κάτι να φάω!"
"Fetch me something to eat!"
Το τζίνι επέστρεψε με ένα ασημένιο μπολ
The genie returned with a silver bowl
είχε δώδεκα ασημένια πιάτα που περιείχαν πλούσια κρέατα
he had twelve silver plates containing rich meats
και είχε δύο ασημένια κύπελλα και δύο μπουκάλια κρασί
and he had two silver cups and two bottles of wine
Η μητέρα του Αλαντίν, όταν ήρθε στον εαυτό της, είπε:
Aladdin's mother, when she came to herself, said:
«Από πού έρχεται αυτή η υπέροχη γιορτή;»
"Whence comes this splendid feast?"
«Μη ρωτάς από πού ήρθε αυτό το φαγητό, αλλά φάε, μητέρα», απάντησε ο Αλαντίν
"Ask not where this food came from, but eat, mother," replied Aladdin
Έτσι κάθισαν στο πρωινό μέχρι να έρθει η ώρα του δείπνου
So they sat at breakfast till it was dinner-time
και ο Αλαντίν είπε στη μητέρα του για το μαγικό

λυχνάρι
and Aladdin told his mother about the magic lamp
Τον παρακάλεσε να πουλήσει τη μαγική λάμπα
She begged him to sell the magic lamp
"Ας μην έχουμε καμία σχέση με διαβόλους"
"let us have nothing to do with devils"
αλλά ο Αλαντίν είχε σκεφτεί ότι θα ήταν πιο σοφό να χρησιμοποιήσει τη μαγική λάμπα
but Aladdin had thought it would be wiser to use the magic lamp
"Η ευκαιρία μας έκανε να συνειδητοποιήσουμε τις αρετές του μαγικού λυχναριού"
"chance hath made us aware of the magic lamp's virtues"
"Θα χρησιμοποιήσουμε τη μαγική λάμπα και θα χρησιμοποιήσουμε το δαχτυλίδι"
"we will use the magic lamp, and we will use the ring"
«Θα φοράω πάντα το δαχτυλίδι στο δάχτυλό μου»
"I shall always wear the ring on my finger"
Όταν έφαγαν ό,τι είχε φέρει το τζίνι, ο Αλαντίν πούλησε ένα από τα ασημένια πιάτα
When they had eaten all the genie had brought, Aladdin sold one of the silver plates
και όταν χρειάστηκε πάλι χρήματα πούλησε το επόμενο πιάτο
and when he needed money again he sold the next plate
το έκανε αυτό μέχρι που δεν έμειναν πιάτα
he did this until no plates were left
Στη συνέχεια έκανε άλλη μια ευχή στο τζίνι
He then made another wish to the genie
και το τζίνι του έδωσε άλλο σετ πιάτα
and the genie gave him another set of plates
και έτσι έζησαν πολλά χρόνια
and in this way they lived for many years
Μια μέρα ο Αλαντίν άκουσε μια εντολή από τον Σουλτάνο
One day Aladdin heard an order from the Sultan
όλοι έπρεπε να μείνουν στο σπίτι και να κλείσουν τα

παντζούρια τους
everyone was to stay at home and close their shutters
η πριγκίπισσα πήγαινε και έβγαινε στο μπάνιο της
the Princess was going to and from her bath
Ο Αλαντίν καταλήφθηκε από μια επιθυμία να δει το πρόσωπό της
Aladdin was seized by a desire to see her face
αν και ήταν πολύ δύσκολο να δεις το πρόσωπό της
although it was very difficult to see her face
γιατί όπου κι αν πήγαινε φορούσε πέπλο
because everywhere she went she wore a veil
Κρύφτηκε πίσω από την πόρτα του λουτρού
He hid himself behind the door of the bath
και κοίταξε μέσα από ένα τσιμπούρι στην πόρτα
and he peeped through a chink in the door
Η πριγκίπισσα σήκωσε το πέπλο της καθώς έμπαινε στο μπάνιο
The Princess lifted her veil as she went in to the bath
και φαινόταν τόσο όμορφη που ο Αλαντίν την ερωτεύτηκε αμέσως
and she looked so beautiful that Aladdin instantly fell in love with her
Πήγε σπίτι τόσο αλλαγμένος που η μητέρα του τρόμαξε
He went home so changed that his mother was frightened
Της είπε ότι αγαπούσε την πριγκίπισσα τόσο βαθιά που δεν μπορούσε να ζήσει χωρίς αυτήν
He told her he loved the Princess so deeply that he could not live without her
και ήθελε να τη ζητήσει σε γάμο τον πατέρα της
and he wanted to ask her in marriage of her father
Η μητέρα του, στο άκουσμα αυτό, ξέσπασε σε γέλια
His mother, on hearing this, burst out laughing
αλλά ο Αλαντίν την έπεισε τελικά να πάει στον Σουλτάνο
but Aladdin finally convinced her to go to the Sultan
και επρόκειτο να φέρει εις πέρας το αίτημά του
and she was going to carry his request

Πήρε μια χαρτοπετσέτα και έβαλε μέσα τους μαγικούς καρπούς
She fetched a napkin and laid in it the magic fruits
τα μαγικά φρούτα από τον μαγεμένο κήπο
the magic fruits from the enchanted garden
οι καρποί άστραψαν και έλαμπαν σαν τα πιο όμορφα κοσμήματα
the fruits sparkled and shone like the most beautiful jewels
Πήρε μαζί της τα μαγικά φρούτα για να ευχαριστήσει τον Σουλτάνο
She took the magic fruits with her to please the Sultan
και ξεκίνησε, με εμπιστοσύνη στη λάμπα
and she set out, trusting in the lamp
Ο Μέγας Βεζίρης και οι άρχοντες του συμβουλίου είχαν μόλις μπει στο παλάτι
The Grand Vizier and the lords of council had just gone into the palace
και έβαλε τον εαυτό της μπροστά στον Σουλτάνο
and she placed herself in front of the Sultan
Εκείνος, ωστόσο, δεν την πρόσεξε
He, however, took no notice of her
Πήγαινε κάθε μέρα για μια εβδομάδα
She went every day for a week
και στάθηκε στο ίδιο μέρος
and she stood in the same place
Όταν το συμβούλιο διαλύθηκε την έκτη μέρα, ο Σουλτάνος είπε στον βεζίρη του:
When the council broke up on the sixth day the Sultan said to his Vizier:
«Βλέπω μια συγκεκριμένη γυναίκα στην αίθουσα ακροατηρίου κάθε μέρα»
"I see a certain woman in the audience-chamber every day"
"Πάντα κουβαλάει κάτι σε μια χαρτοπετσέτα"
"she is always carrying something in a napkin"
«Φώναξέ την να έρθει κοντά μας την επόμενη φορά»
"Call her to come to us, next time"
"για να μάθω τι θέλει"

"so that I may find out what she wants"
Την επόμενη μέρα ο Βεζίρης της έδωσε ένα σημάδι
Next day the Vizier gave her a sign
ανέβηκε στους πρόποδες του θρόνου
she went up to the foot of the throne
και παρέμεινε γονατιστή μέχρι που της μίλησε ο Σουλτάνος
and she remained kneeling till the Sultan spoke to her
«Σήκω, καλή γυναίκα, πες μου τι θέλεις»
"Rise, good woman, tell me what you want"
Εκείνη δίστασε, κι έτσι ο Σουλτάνος έστειλε όλους εκτός από τον Βεζίρη
She hesitated, so the Sultan sent away all but the Vizier
και της είπε να μιλήσει ειλικρινά
and he bade her to speak frankly
και της υποσχέθηκε να τη συγχωρήσει για οτιδήποτε κι αν έλεγε
and he promised to forgive her for anything she might say
Τότε του είπε για τη μεγάλη αγάπη του γιου της για την Πριγκίπισσα
She then told him of her son's great love for the Princess
«Προσευχήθηκα να την ξεχάσει», είπε
"I prayed for him to forget her," she said
"αλλά οι προσευχές μου ήταν μάταιες"
"but my prayers were in vain"
«απείλησε να κάνει κάποια απελπισμένη πράξη αν αρνηθώ να πάω»
"he threatened to do some desperate deed if I refused to go"
"και γι' αυτό ζητώ από τη μεγαλειότητά σας το χέρι της πριγκίπισσας"
"and so I ask your Majesty for the hand of the Princess"
"αλλά τώρα σε προσεύχομαι να με συγχωρέσεις"
"but now I pray you to forgive me"
"και προσεύχομαι να συγχωρήσεις τον γιο μου τον Αλαντίν"
"and I pray that you forgive my son Aladdin"
Ο Σουλτάνος τη ρώτησε ευγενικά τι είχε στη

χαρτοπετσέτα
The Sultan asked her kindly what she had in the napkin
έτσι ξεδίπλωσε τη χαρτοπετσέτα
so she unfolded the napkin
και παρουσίασε τα κοσμήματα στον Σουλτάνο
and she presented the jewels to the Sultan
Κεραυνόταν από την ομορφιά των κοσμημάτων
He was thunderstruck by the beauty of the jewels
και γύρισε προς τον Βεζίρη και ρώτησε: «Τι λες;»
and he turned to the Vizier and asked, "What sayest thou?"
«Δεν θα έπρεπε να χαρίσω την πριγκίπισσα σε κάποιον που την εκτιμά σε τέτοιο τίμημα;»
"Ought I not to bestow the Princess on one who values her at such a price?"
Ο Βεζίρης την ήθελε για δικό του γιο
The Vizier wanted her for his own son
έτσι παρακάλεσε τον Σουλτάνο να την κρατήσει για τρεις μήνες
so he begged the Sultan to withhold her for three months
ίσως μέσα στο χρόνο που ο γιος του θα επινοούσε να κάνει ένα πιο πλούσιο δώρο
perhaps within the time his son would contrive to make a richer present
Ο Σουλτάνος εκπλήρωσε την επιθυμία του Βεζίρη του
The Sultan granted the wish of his Vizier
και είπε στη μητέρα του Αλαντίν ότι συναινούσε στον γάμο
and he told Aladdin's mother that he consented to the marriage
αλλά δεν της επετράπη να εμφανιστεί ξανά μπροστά του για τρεις μήνες
but she was not allowed appear before him again for three months
Ο Αλαντίν περίμενε υπομονετικά σχεδόν τρεις μήνες
Aladdin waited patiently for nearly three months
αφού είχαν περάσει δύο μήνες η μητέρα του πήγε να πάει στην αγορά

after two months had elapsed his mother went to go to the market
πήγαινε στην πόλη για να αγοράσει λάδι
she was going into the city to buy oil
όταν έφτασε στην αγορά βρήκε όλους να χαίρονται
when she got to the market she found every one rejoicing
έτσι ρώτησε τι συνέβαινε
so she asked what was going on
«Δεν ξέρεις; ήταν η απάντηση
"Do you not know?" was the answer
«Ο γιος του Μεγάλου Βεζίρη θα παντρευτεί την κόρη του Σουλτάνου απόψε»
"the son of the Grand Vizier is to marry the Sultan's daughter tonight"
Με κομμένη την ανάσα, έτρεξε και το είπε στον Αλαντίν
Breathless, she ran and told Aladdin
στην αρχή ο Αλαντίν καταπλακώθηκε
at first Aladdin was overwhelmed
αλλά μετά σκέφτηκε τη μαγική λάμπα και την έτριψε
but then he thought of the magic lamp and rubbed it
για άλλη μια φορά το τζίνι εμφανίστηκε έξω από τη λάμπα
once again the genie appeared out of the lamp
«Ποιο είναι το θέλημά σου;» ρώτησε το τζίνι
"What is thy will?" asked the genie
«Ο Σουλτάνος, όπως ξέρετε, αθέτησε την υπόσχεσή του προς εμένα»
"The Sultan, as thou knowest, has broken his promise to me"
«Ο γιος του βεζίρη θα έχει την πριγκίπισσα»
"the Vizier's son is to have the Princess"
«Η εντολή μου είναι να φέρεις απόψε τη νύφη και τον γαμπρό»
"My command is that tonight you bring the bride and bridegroom"
«Δάσκαλε, υπακούω», είπε το τζίνι
"Master, I obey," said the genie
Τότε ο Αλαντίν πήγε στην κάμαρά του

Aladdin then went to his chamber
σίγουρα, τα μεσάνυχτα το τζίνι μετέφερε ένα κρεβάτι
sure enough, at midnight the genie transported a bed
και το κρεβάτι περιείχε τον γιο του Βεζίρη και την Πριγκίπισσα
and the bed contained the Vizier's son and the Princess
«Πάρε αυτόν τον νιόπαντρο, τζίνι», είπε
"Take this new-married man, genie," he said
"Βάλ' τον έξω στο κρύο για το βράδυ"
"put him outside in the cold for the night"
"Τότε επιστρέψτε το ζευγάρι ξανά το ξημέρωμα"
"then return the couple again at daybreak"
Έτσι το τζίνι έβγαλε τον γιο του Βεζίρη από το κρεβάτι
So the genie took the Vizier's son out of bed
και άφησε τον Αλαντίν με την Πριγκίπισσα
and he left Aladdin with the Princess
«Μη φοβάσαι τίποτα», της είπε ο Αλαντίν, «είσαι η γυναίκα μου»
"Fear nothing," Aladdin said to her, "you are my wife"
«Σε υποσχέθηκε ο άδικος πατέρας σου»
"you were promised to me by your unjust father"
"και δεν θα σου πάθει κανένα κακό"
"and no harm shall come to you"
Η πριγκίπισσα ήταν πολύ φοβισμένη για να μιλήσει
The Princess was too frightened to speak
και πέρασε την πιο μίζερη νύχτα της ζωής της
and she passed the most miserable night of her life
αν και ο Αλαντίν ξάπλωσε δίπλα της και κοιμόταν ήσυχος
although Aladdin lay down beside her and slept soundly
Την καθορισμένη ώρα το τζίνι έφερε στον γαμπρό που έτρεμε
At the appointed hour the genie fetched in the shivering bridegroom
τον ξάπλωσε στη θέση του
he laid him in his place
και μετέφερε το κρεβάτι πίσω στο παλάτι

and he transported the bed back to the palace
Αυτή τη στιγμή ο Σουλτάνος ήρθε να ευχηθεί στην κόρη του καλημέρα
Presently the Sultan came to wish his daughter good-morning
Ο γιος του δυστυχισμένου Βεζίρη πετάχτηκε και κρύφτηκε
The unhappy Vizier's son jumped up and hid himself
και η πριγκίπισσα δεν έλεγε λέξη
and the Princess would not say a word
και ήταν πολύ λυπημένη
and she was very sorrowful
Ο Σουλτάνος της έστειλε τη μητέρα της
The Sultan sent her mother to her
«Γιατί δεν μιλάς στον πατέρα σου, παιδί μου;»
"Why will you not speak to your father, child?"
«Τι έχει συμβεί;» ρώτησε εκείνη
"What has happened?" she asked
Η πριγκίπισσα αναστέναξε βαθιά
The Princess sighed deeply
και επιτέλους είπε στη μητέρα της τι είχε συμβεί
and at last she told her mother what had happened
της είπε πώς είχε μεταφερθεί το κρεβάτι σε κάποιο παράξενο σπίτι
she told her how the bed had been carried into some strange house
και είπε τι είχε συμβεί στο σπίτι
and she told of what had happened in the house
Η μητέρα της δεν την πίστευε στο ελάχιστο
Her mother did not believe her in the least
και της ζήτησε να το θεωρήσει αδρανές όνειρο
and she bade her to consider it an idle dream
Το επόμενο βράδυ συνέβη ακριβώς το ίδιο
The following night exactly the same thing happened
και το επόμενο πρωί ούτε η πριγκίπισσα μιλούσε
and the next morning the princess wouldn't speak either
στην άρνηση της πριγκίπισσας να μιλήσει, ο Σουλτάνος απείλησε να της κόψει το κεφάλι

on the Princess's refusal to speak, the Sultan threatened to cut off her head

Τότε ομολόγησε όλα όσα είχαν συμβεί
She then confessed all that had happened

και τον πρόσταξε να ρωτήσει τον γιο του Βεζίρη
and she bid him to ask the Vizier's son

Ο Σουλτάνος είπε στον Βεζίρη να ρωτήσει τον γιο του
The Sultan told the Vizier to ask his son

και ο γιος του Βεζίρη είπε την αλήθεια
and the Vizier's son told the truth

πρόσθεσε ότι αγαπούσε πολύ την πριγκίπισσα
he added that he dearly loved the Princess

"Αλλά θα προτιμούσα να πεθάνω παρά να περάσω μια άλλη τόσο τρομακτική νύχτα"
"but I would rather die than go through another such fearful night"

και ήθελε να χωριστεί από αυτήν, πράγμα που του δόθηκε
and he wished to be separated from her, which was granted

και μετά τελείωσε το γλέντι και η αγαλλίαση
and then there was an end to the feasting and rejoicing

τότε τελείωσαν οι τρεις μήνες
then the three months were over

Ο Αλαντίν έστειλε τη μητέρα του να υπενθυμίσει στον Σουλτάνο την υπόσχεσή του
Aladdin sent his mother to remind the Sultan of his promise

Στάθηκε στο ίδιο σημείο με πριν
She stood in the same place as before

ο Σουλτάνος είχε ξεχάσει τον Αλαντίν
the Sultan had forgotten Aladdin

αλλά αμέσως τον θυμήθηκε ξανά
but at once he remembered him again

και της ζήτησε να έρθει κοντά του
and he asked for her to come to him

Βλέποντας τη φτώχεια της, ο Σουλτάνος ένιωσε λιγότερο διατεθειμένος από ποτέ να κρατήσει τον λόγο του

On seeing her poverty the Sultan felt less inclined than ever to keep his word
και ζήτησε τη συμβουλή του Βεζίρη του
and he asked his Vizier's advice
τον συμβούλεψε να δώσει μεγάλη αξία στην Πριγκίπισσα
he counselled him to set a high value on the Princess
μια τιμή τόσο υψηλή που κανένας ζωντανός άνδρας δεν μπορούσε να την αντέξει οικονομικά
a price so high that no man alive could come afford her
Τότε ο Σουλτάνος γύρισε στη μητέρα του Αλαντίν, λέγοντας:
The Sultan then turned to Aladdin's mother, saying:
«Καλή γυναίκα, ένας σουλτάνος πρέπει να θυμάται τις υποσχέσεις του»
"Good woman, a Sultan must remember his promises"
«Και θα θυμάμαι την υπόσχεσή μου»
"and I will remember my promise"
«Αλλά ο γιος σου πρέπει πρώτα να μου στείλει σαράντα λεκάνες χρυσού»
"but your son must first send me forty basins of gold"
«και οι χρυσές λεκάνες πρέπει να είναι γεμάτες κοσμήματα»
"and the gold basins must be full of jewels"
«και πρέπει να τους μεταφέρουν σαράντα μαύρες καμήλες»
"and they must be carried by forty black camels"
"Και μπροστά σε κάθε μαύρη καμήλα πρέπει να υπάρχει μια λευκή καμήλα"
"and in front of each black camel there is to be a white camel"
«Και όλες οι καμήλες πρέπει να είναι υπέροχα ντυμένες»
"and all the camels are to be splendidly dressed"
«Πες του ότι περιμένω την απάντησή του»
"Tell him that I await his answer"
Η μητέρα του Αλαντίν υποκλίθηκε χαμηλά
The mother of Aladdin bowed low
και μετά πήγε σπίτι

and then she went home
αν και νόμιζε ότι όλα είχαν χαθεί
although she thought all was lost
Έδωσε στον Αλαντίν το μήνυμα
She gave Aladdin the message
και πρόσθεσε, "Μπορεί να περιμένει αρκετά για την απάντησή σου!"
and she added, "He may wait long enough for your answer!"
«Όχι τόσο όσο νομίζεις, μητέρα», απάντησε ο γιος της
"Not so long as you think, mother," her son replied
«Θα έκανα πολλά περισσότερα για την πριγκίπισσα»
"I would do a great deal more than that for the Princess"
και ξανακάλεσε το τζίνι
and he summoned the genie again
και σε λίγες στιγμές έφτασαν οι ογδόντα καμήλες
and in a few moments the eighty camels arrived
και πήραν όλο το χώρο στο μικρό σπίτι και στον κήπο
and they took up all space in the small house and garden
Ο Αλαντίν έκανε τις καμήλες να ξεκινήσουν προς το παλάτι
Aladdin made the camels set out to the palace
και τις καμήλες ακολουθούσε η μητέρα του
and the camels were followed by his mother
Οι καμήλες ήταν πολύ πλούσια ντυμένες
The camels were very richly dressed
και υπέροχα κοσμήματα ήταν στις ζώνες των καμήλων
and splendid jewels were on the girdles of the camels
και όλοι συνωστίζονταν για να δουν τις καμήλες
and everyone crowded around to see the camels
και είδαν τις χρυσές λεκάνες που κουβαλούσαν στις πλάτες τους οι καμήλες
and they saw the basins of gold the camels carried on their backs
Μπήκαν στο παλάτι του Σουλτάνου
They entered the palace of the Sultan
και οι καμήλες γονάτισαν μπροστά του σε ημικύκλιο
and the camels kneeled before him in a semi circle

και η μητέρα του Αλαντίν παρουσίασε τις καμήλες στον Σουλτάνο
and Aladdin's mother presented the camels to the Sultan
Δεν δίστασε άλλο, αλλά είπε:
He hesitated no longer, but said:
«Καλή γυναίκα, γύρνα στο γιο σου»
"Good woman, return to your son"
«Πες του ότι τον περιμένω με ανοιχτές αγκάλες»
"tell him that I wait for him with open arms"
Δεν έχασε χρόνο για να το πει στον Αλαντίν
She lost no time in telling Aladdin
και τον πρόσταξε να βιαστεί
and she bid him to make haste
Αλλά ο Αλαντίν κάλεσε πρώτα το τζίνι
But Aladdin first called for the genie
«Θέλω ένα αρωματικό μπάνιο», είπε
"I want a scented bath," he said
"και θέλω ένα άλογο πιο όμορφο από του σουλτάνου"
"and I want a horse more beautiful than the Sultan's"
«Και θέλω είκοσι υπηρέτες να με προσέχουν»
"and I want twenty servants to attend to me"
"και θέλω επίσης έξι όμορφα ντυμένους υπηρέτες να περιμένουν τη μητέρα μου"
"and I also want six beautifully dressed servants to wait on my mother"
"Και τέλος, θέλω δέκα χιλιάδες κομμάτια χρυσού σε δέκα πορτοφόλια"
"and lastly, I want ten thousand pieces of gold in ten purses"
Μόλις είπε αυτό που ήθελε και έγινε
No sooner had he said what he wanted and it was done
Ο Αλαντίν ανέβηκε στο όμορφο άλογό του
Aladdin mounted his beautiful horse
και πέρασε από τους δρόμους
and he passed through the streets
οι υπηρέτες έριχναν χρυσάφι στο πλήθος καθώς πήγαιναν
the servants cast gold into the crowd as they went

Όσοι έπαιζαν μαζί του στα παιδικά του χρόνια δεν τον γνώριζαν
Those who had played with him in his childhood knew him not
είχε γίνει πολύ όμορφος
he had grown very handsome
Όταν τον είδε ο Σουλτάνος κατέβηκε από τον θρόνο του
When the Sultan saw him he came down from his throne
αγκάλιασε τον νέο του γαμπρό με ανοιχτές αγκάλες
he embraced his new son-in-law with open arms
και τον οδήγησε σε μια αίθουσα όπου γινόταν ένα γλέντι
and he led him into a hall where a feast was spread
σκόπευε να τον παντρέψει με την Πριγκίπισσα εκείνη ακριβώς τη μέρα
he intended to marry him to the Princess that very day
Αλλά ο Αλαντίν αρνήθηκε να παντρευτεί αμέσως
But Aladdin refused to marry straight away
"Πρώτα πρέπει να φτιάξω ένα παλάτι κατάλληλο για την πριγκίπισσα"
"first I must build a palace fit for the princess"
και μετά πήρε την άδεια του
and then he took his leave
Μόλις σπίτι, είπε στο τζίνι:
Once home, he said to the genie:
"Χτίσε μου ένα παλάτι από το καλύτερο μάρμαρο"
"Build me a palace of the finest marble"
"Στόξτε το παλάτι με ίασπη, αχάτη και άλλες πολύτιμες πέτρες"
"set the palace with jasper, agate, and other precious stones"
«Στη μέση του παλατιού θα μου φτιάξεις μια μεγάλη αίθουσα με τρούλο»
"In the middle of the palace you shall build me a large hall with a dome"
«Οι τέσσερις τοίχοι της αίθουσας θα είναι από μάζες χρυσού και ασημιού»
"the four walls of the hall will be of masses of gold and silver"

«Και κάθε τοίχος θα έχει έξι παράθυρα»
"and each wall will have six windows"
«και τα δικτυώματα των παραθύρων θα είναι στρωμένα με πολύτιμα κοσμήματα»
"and the lattices of the windows will be set with precious jewels"
"αλλά πρέπει να υπάρχει ένα παράθυρο που δεν είναι διακοσμημένο"
"but there must be one window that is not decorated"
"Πήγαινε να δεις ότι έγινε!"
"go see that it gets done!"
Το παλάτι είχε τελειώσει την επόμενη μέρα
The palace was finished by the next day
το τζίνι τον μετέφερε στο νέο παλάτι
the genie carried him to the new palace
και του έδειξε πώς όλες οι διαταγές του είχαν εκτελεστεί πιστά
and he showed him how all his orders had been faithfully carried out
ακόμη και ένα βελούδινο χαλί είχε στρωθεί από το παλάτι του Αλαντίν στο Σουλτάνο
even a velvet carpet had been laid from Aladdin's palace to the Sultan's
Η μητέρα του Αλαντίν τότε ντύθηκε προσεκτικά
Aladdin's mother then dressed herself carefully
και περπάτησε στο παλάτι με τους υπηρέτες της
and she walked to the palace with her servants
και ο Αλαντίν την ακολούθησε έφιππος
and Aladdin followed her on horseback
Ο Σουλτάνος έστειλε μουσικούς με σάλπιγγες και κύμβαλα να τους συναντήσει
The Sultan sent musicians with trumpets and cymbals to meet them
έτσι ο αέρας αντήχησε από μουσική και ζητωκραυγές
so the air resounded with music and cheers
Οδηγήθηκε στην Πριγκίπισσα, η οποία την χαιρέτησε
She was taken to the Princess, who saluted her

και της φέρθηκε με μεγάλη τιμή
and she treated her with great honour

Το βράδυ η πριγκίπισσα αποχαιρέτησε τον πατέρα της
At night the Princess said good-bye to her father

και ξεκίνησε στο χαλί για το παλάτι του Αλαντίν
and she set out on the carpet for Aladdin's palace

η μητέρα του ήταν στο πλευρό της
his mother was at her side

και τους ακολουθούσε η συνοδεία των υπηρετών τους
and they were followed by their entourage of servants

Γοητεύτηκε στη θέα του Αλαντίν
She was charmed at the sight of Aladdin

και ο Αλαντίν έτρεξε να τη δεχτεί στο παλάτι
and Aladdin ran to receive her into the palace

«Πριγκίπισσα», είπε, «κατηγόρησε την ομορφιά σου για την τόλμη μου»
"Princess," he said, "blame your beauty for my boldness"

"Ελπίζω να μην σε δυσαρέστησα"
"I hope I have not displeased you"

είπε ότι υπάκουσε πρόθυμα τον πατέρα της σε αυτό το θέμα
she said she willingly obeyed her father in this matter

γιατί είχε δει ότι ήταν όμορφος
because she had seen that he is handsome

Αφού έγινε ο γάμος, ο Αλαντίν την οδήγησε στο χολ
After the wedding had taken place Aladdin led her into the hall

ένα μεγάλο γλέντι απλώθηκε στην αίθουσα
a great feast was spread out in the hall

και έφαγε μαζί του
and she supped with him

αφού έφαγαν χόρευαν μέχρι τα μεσάνυχτα
after eating they danced till midnight

Την επόμενη μέρα ο Αλαντίν κάλεσε τον Σουλτάνο να δει το παλάτι
The next day Aladdin invited the Sultan to see the palace

μπήκαν στο χολ με τα είκοσι τέσσερα παράθυρα

they entered the hall with the four-and-twenty windows
τα παράθυρα ήταν διακοσμημένα με ρουμπίνια, διαμάντια και σμαράγδια
the windows were decorated with rubies, diamonds, and emeralds
φώναξε: "Το παλάτι είναι ένα από τα θαύματα του κόσμου!"
he cried, "The palace is one of the wonders of the world!"
«Υπάρχει μόνο ένα πράγμα που με εκπλήσσει»
"There is only one thing that surprises me"
«Ήταν τυχαία που ένα παράθυρο έμεινε ημιτελές;»
"Was it by accident that one window was left unfinished?"
«Όχι, κύριε, αυτό έγινε από σχέδιο», απάντησε ο Αλαντίν
"No, sir, it was done so by design," replied Aladdin
«Ευχήθηκα στην Μεγαλειότητά σας να έχει τη δόξα να τελειώσει αυτό το παλάτι»
"I wished your Majesty to have the glory of finishing this palace"
Ο Σουλτάνος χάρηκε που του δόθηκε αυτή η τιμή
The Sultan was pleased to be given this honour
και έστειλε να βρουν τους καλύτερους κοσμηματοπώλες της πόλης
and he sent for the best jewellers in the city
Τους έδειξε το ημιτελές παράθυρο
He showed them the unfinished window
και τους είπε να στολίσουν το παράθυρο όπως οι άλλοι
and he bade them to decorate the window like the others
«Κύριε», απάντησε ο εκπρόσωπός τους
"Sir," replied their spokesman
"Δεν μπορούμε να βρούμε αρκετά κοσμήματα"
"we cannot find enough jewels"
έτσι ο Σουλτάνος έφερε τα δικά του κοσμήματα
so the Sultan had his own jewels fetched
αλλά και αυτά τα κοσμήματα εξαντλήθηκαν σύντομα
but those jewels were soon used up too
ακόμα και μετά από ένα μήνα η δουλειά δεν ήταν μισή

even after a month's time the work was not half done
Ο Αλαντίν γνώριζε ότι το έργο τους ήταν αδύνατο
Aladdin knew that their task was impossible
τους είπε να αναιρέσουν τη δουλειά τους
he bade them to undo their work
και τους είπε να φέρουν πίσω τα κοσμήματα
and he bade them to carry the jewels back
το τζίνι τελείωσε το παράθυρο με εντολή του
the genie finished the window at his command
Ο Σουλτάνος έμεινε έκπληκτος που έλαβε ξανά τα κοσμήματά του
The Sultan was surprised to receive his jewels again
επισκέφτηκε τον Αλαντίν, ο οποίος του έδειξε το τελειωμένο παράθυρο
he visited Aladdin, who showed him the finished window
και ο Σουλτάνος αγκάλιασε τον γαμπρό του
and the Sultan embraced his son in law
εν τω μεταξύ, ο ζηλιάρης Βεζίρης υποψιάστηκε το έργο της γοητείας
meanwhile, the envious Vizier suspected the work of enchantment
Ο Αλαντίν είχε κερδίσει τις καρδιές των ανθρώπων με τον ευγενικό του τρόπο
Aladdin had won the hearts of the people by his gentle manner
Έγινε καπετάνιος των στρατευμάτων του Σουλτάνου
He was made captain of the Sultan's armies
και κέρδισε πολλές μάχες για τον στρατό του
and he won several battles for his army
αλλά παρέμεινε σεμνός και ευγενικός όπως πριν
but he remained as modest and courteous as before
με αυτόν τον τρόπο έζησε αρκετά χρόνια με ειρήνη και ευχαρίστηση
in this way he lived in peace and content for several years
Μα μακριά στην Αφρική ο μάγος θυμήθηκε τον Αλαντίν
But far away in Africa the magician remembered Aladdin

και με τις μαγικές του τέχνες ανακάλυψε ότι ο Αλαντίν δεν είχε χαθεί στη σπηλιά
and by his magic arts he discovered Aladdin hadn't perished in the cave
αλλά αντί να χαθεί, είχε δραπετεύσει και παντρεύτηκε την πριγκίπισσα
but instead of perishing, he had escaped and married the princess
και τώρα ζούσε με μεγάλη τιμή και πλούτη
and now he was living in great honour and wealth
Ήξερε ότι ο γιος του φτωχού ράφτη θα μπορούσε να το πετύχει αυτό μόνο με τη μαγική λάμπα
He knew that the poor tailor's son could only have accomplished this by means of the magic lamp
και ταξίδευε νύχτα μέρα μέχρι να φτάσει στην πόλη
and he travelled night and day until he reached the city
ήταν αποφασισμένος να βεβαιωθεί για την καταστροφή του Αλαντίν
he was bent on making sure of Aladdin's ruin
Καθώς περνούσε από την πόλη άκουσε ανθρώπους να μιλούν
As he passed through the town he heard people talking
το μόνο για το οποίο μπορούσαν να μιλήσουν ήταν το υπέροχο παλάτι
all they could talk about was the marvellous palace
«Συγχωρέστε την άγνοιά μου», ρώτησε
"Forgive my ignorance," he asked
"Τι είναι αυτό το παλάτι που μιλάς;"
"what is this palace you speak of?"
«Δεν έχετε ακούσει για το παλάτι του πρίγκιπα Αλαντίν;» ήταν η απάντηση
"Have you not heard of Prince Aladdin's palace?" was the reply
"Το παλάτι είναι ένα από τα μεγαλύτερα θαύματα του κόσμου"
"the palace is one of the greatest wonders of the world"
«Θα σε κατευθύνω στο παλάτι, αν θέλεις να το δεις»

"I will direct you to the palace, if you would like to see it"
Ο μάγος τον ευχαρίστησε που τον έφερε στο παλάτι
The magician thanked him for bringing him to the palace
και αφού είδε το παλάτι, ήξερε ότι το είχε χτίσει το Τζίνι της Λάμπας
and having seen the palace, he knew that it had been built by the Genie of the Lamp
αυτό τον έκανε μισότρελο από οργή
this made him half mad with rage
Ήταν αποφασισμένος να πιάσει το μαγικό λυχνάρι
He was determined to get hold of the magic lamp
και επρόκειτο να βυθίσει ξανά τον Αλαντίν στη βαθύτερη φτώχεια
and he was going to plunge Aladdin into the deepest poverty again
Δυστυχώς, ο Αλαντίν είχε πάει ένα κυνηγετικό ταξίδι για οκτώ ημέρες
Unluckily, Aladdin had gone on a hunting trip for eight days
αυτό έδωσε στον μάγο άφθονο χρόνο
this gave the magician plenty of time
Αγόρασε μια ντουζίνα χάλκινες λάμπες
He bought a dozen copper lamps
και έβαλε τις χάλκινες λάμπες σε ένα καλάθι
and he put the copper lamps into a basket
και μετά πήγε στο παλάτι
and then he went to the palace
"Νέες λάμπες για παλιές λάμπες!" αναφώνησε
"New lamps for old lamps!" he exclaimed
και τον ακολούθησε ένα πλήθος που χλευάζει
and he was followed by a jeering crowd
Η πριγκίπισσα καθόταν στο χολ με είκοσι τέσσερα παράθυρα
The Princess was sitting in the hall of four-and-twenty windows
έστειλε έναν υπηρέτη για να μάθει ποιος ήταν ο θόρυβος
she sent a servant to find out what the noise was about

ο υπηρέτης γύρισε γελώντας τόσο πολύ που η πριγκίπισσα την επέπληξε
the servant came back laughing so much that the Princess scolded her
«Κυρία», απάντησε ο υπηρέτης
"Madam," replied the servant
«Ποιος μπορεί να βοηθήσει παρά να γελάς όταν βλέπεις κάτι τέτοιο;»
"who can help but laughing when you see such a thing?"
"Ένας παλιός ανόητος προσφέρεται να ανταλλάξει ωραίες νέες λάμπες με παλιές λάμπες"
"an old fool is offering to exchange fine new lamps for old lamps"
Ένας άλλος υπηρέτης, ακούγοντας αυτό, μίλησε
Another servant, hearing this, spoke up
"Υπάρχει μια παλιά λάμπα στο γείσο που μπορεί να έχει"
"There is an old lamp on the cornice which he can have"
αυτό, φυσικά, ήταν το μαγικό λυχνάρι
this, of course, was the magic lamp
Ο Αλαντίν είχε αφήσει το μαγικό λυχνάρι εκεί, καθώς δεν μπορούσε να το πάρει μαζί του
Aladdin had left the magic lamp there, as he could not take it with him
Η πριγκίπισσα δεν ήξερε την αξία της λάμπας
The Princess didn't know know the lamp's value
γελώντας, κάλεσε τον υπηρέτη να ανταλλάξει τη μαγική λάμπα
laughingly, she bade the servant to exchange the magic lamp
ο υπηρέτης πήγε τη λάμπα στον μάγο
the servant took the lamp to the magician
«Δώσε μου μια νέα λάμπα για αυτή τη λάμπα», είπε
"Give me a new lamp for this lamp," she said
Άρπαξε τη λάμπα και κάλεσε τον υπηρέτη να διαλέξει άλλη λάμπα
He snatched the lamp and bade the servant to pick another lamp

και όλο το πλήθος κοροϊδευε με το θέαμα
and the entire crowd jeered at the sight
αλλά ο μάγος ελάχιστα νοιαζόταν για το πλήθος
but the magician cared little for the crowd
άφησε το πλήθος με το μαγικό λυχνάρι που είχε βάλει σκοπό να πάρει
he left the crowd with the magic lamp he had set out to get
και βγήκε από τις πύλες της πόλης σε ένα ερημικό μέρος
and he went out of the city gates to a lonely place
εκεί έμεινε μέχρι το βράδυ
there he remained till nightfall
και το βράδυ έβγαλε το μαγικό λυχνάρι και το έτριψε
and at nightfall he pulled out the magic lamp and rubbed it
Το τζίνι εμφανίστηκε στον μάγο
The genie appeared to the magician
και ο μάγος έκανε την εντολή του στο τζίνι
and the magician made his command to the genie
«Φέρτε με, την πριγκίπισσα και το παλάτι σε ένα μοναχικό μέρος στην Αφρική»
"carry me, the princess, and the palace to a lonely place in Africa"
Το επόμενο πρωί ο Σουλτάνος κοίταξε από το παράθυρο προς το παλάτι του Αλαντίν
Next morning the Sultan looked out of the window toward Aladdin's palace
και έτριψε τα μάτια του όταν είδε ότι το παλάτι είχε φύγει
and he rubbed his eyes when he saw the palace was gone
Έστειλε να βρουν τον Βεζίρη και ρώτησε τι είχε γίνει με το παλάτι
He sent for the Vizier and asked what had become of the palace
Ο Βεζίρης κοίταξε επίσης έξω, και χάθηκε από έκπληξη
The Vizier looked out too, and was lost in astonishment
Έβαλε και πάλι τα γεγονότα στη μαγεία
He again put the events down to enchantment

και αυτή τη φορά ο Σουλτάνος τον πίστεψε
and this time the Sultan believed him
έστειλε τριάντα άντρες έφιππους να φέρουν τον Αλαντίν αλυσοδεμένο
he sent thirty men on horseback to fetch Aladdin in chains
Τον συνάντησαν καβάλα στο σπίτι
They met him riding home
τον έδεσαν και τον ανάγκασαν να πάει μαζί τους με τα πόδια
they bound him and forced him to go with them on foot
Ο κόσμος, όμως, που τον αγαπούσε, τους ακολούθησε μέχρι το παλάτι
The people, however, who loved him, followed them to the palace
θα φρόντιζαν να μην έπαθε κανένα κακό
they would make sure that he came to no harm
Τον μετέφεραν ενώπιον του Σουλτάνου
He was carried before the Sultan
και ο Σουλτάνος διέταξε τον δήμιο να του κόψει το κεφάλι
and the Sultan ordered the executioner to cut off his head
Ο δήμιος έβαλε τον Αλαντίν να γονατίσει μπροστά σε ένα ξύλο
The executioner made Aladdin kneel down before a block of wood
έδεσε τα μάτια του για να μη βλέπει
he bandaged his eyes so that he could not see
και σήκωσε το μαχαίρι του για να χτυπήσει
and he raised his scimitar to strike
Εκείνη τη στιγμή ο Βεζίρης είδε ότι το πλήθος είχε μπει με το ζόρι στην αυλή
At that instant the Vizier saw the crowd had forced their way into the courtyard
σκαλώνανε τα τείχη για να σώσουν τον Αλαντίν
they were scaling the walls to rescue Aladdin
έτσι κάλεσε τον δήμιο να σταματήσει
so he called to the executioner to halt

Ο κόσμος, πράγματι, φαινόταν τόσο απειλητικός που ο Σουλτάνος υποχώρησε

The people, indeed, looked so threatening that the Sultan gave way

και διέταξε να αποδεσμευτεί ο Αλαντίν

and he ordered Aladdin to be unbound

τον συγχώρεσε μπροστά στο πλήθος

he pardoned him in the sight of the crowd

Ο Αλαντίν τώρα παρακάλεσε να μάθει τι είχε κάνει

Aladdin now begged to know what he had done

«Ψεύτικο άθλιο!» είπε ο Σουλτάνος, "έλα εκεί"

"False wretch!" said the Sultan, "come thither"

του έδειξε από το παράθυρο το μέρος όπου βρισκόταν το παλάτι του

he showed him from the window the place where his palace had stood

Ο Αλαντίν ήταν τόσο έκπληκτος που δεν μπορούσε να πει λέξη

Aladdin was so amazed that he could not say a word

«Πού είναι το παλάτι μου και η κόρη μου;» απαίτησε ο Σουλτάνος

"Where are my palace and my daughter?" demanded the Sultan

«Για το παλάτι δεν ανησυχώ τόσο βαθιά»

"For the palace I am not so deeply concerned"

"αλλά πρέπει να έχω την κόρη μου"

"but my daughter I must have"

"και πρέπει να τη βρεις, αλλιώς θα χάσεις το κεφάλι σου"

"and you must find her, or lose your head"

Ο Αλαντίν παρακάλεσε να του επιτρέψουν σαράντα μέρες για να τη βρει

Aladdin begged to be granted forty days in which to find her

υποσχέθηκε ότι αν αποτύγχανε θα επέστρεφε

he promised that if he failed he would return

και κατά την επιστροφή του θα υπέφερε από το θάνατο κατά την ευχαρίστηση του Σουλτάνου

and on his return he would suffer death at the Sultan's pleasure

Η προσευχή του έγινε δεκτή από τον Σουλτάνο
His prayer was granted by the Sultan

και βγήκε λυπημένος από την παρουσία του Σουλτάνου
and he went forth sadly from the Sultan's presence

Τρεις μέρες περιπλανιόταν σαν τρελός
For three days he wandered about like a madman

ρώτησε όλους τι είχε γίνει με το παλάτι του
he asked everyone what had become of his palace

αλλά μόνο γελούσαν και τον λυπήθηκαν
but they only laughed and pitied him

Ήρθε στις όχθες ενός ποταμού
He came to the banks of a river

γονάτισε για να πει την προσευχή του πριν πεταχτεί μέσα
he knelt down to say his prayers before throwing himself in

Κάνοντας αυτό έτριψε το μαγικό δαχτυλίδι που φορούσε ακόμα
In so doing he rubbed the magic ring he still wore

Το τζίνι που είχε δει στη σπηλιά εμφανίστηκε
The genie he had seen in the cave appeared

και τον ρώτησε ποια ήταν η θέλησή του
and he asked him what his will was

«Σώσε μου τη ζωή, τζίνι», είπε ο Αλαντίν
"Save my life, genie," said Aladdin

"Φέρε το παλάτι μου πίσω"
"bring my palace back"

«Αυτό δεν είναι στη δύναμή μου», είπε το τζίνι
"That is not in my power," said the genie

"Είμαι μόνο ο Σκλάβος του Δαχτυλιδιού"
"I am only the Slave of the Ring"

«Πρέπει να του ζητήσεις τη μαγική λάμπα»
"you must ask him for the magic lamp"

«Αυτό μπορεί να είναι αλήθεια», είπε ο Αλαντίν
"that might be true," said Aladdin

"αλλά μπορείς να με πας στο παλάτι"

"but thou canst take me to the palace"
«Κάτωσέ με κάτω από το παράθυρο της αγαπημένης μου γυναίκας»
"set me down under my dear wife's window"
Αμέσως βρέθηκε στην Αφρική
He at once found himself in Africa
ήταν κάτω από το παράθυρο της Πριγκίπισσας
he was under the window of the Princess
και αποκοιμήθηκε από την απόλυτη κούραση
and he fell asleep out of sheer weariness
Τον ξύπνησε το τραγούδι των πουλιών
He was awakened by the singing of the birds
και η καρδιά του ήταν πιο ανάλαφρη από πριν
and his heart was lighter than it was before
Είδε ότι όλες του οι κακοτυχίες οφείλονταν στην απώλεια του μαγικού λυχναριού
He saw that all his misfortunes were due to the loss of the magic lamp
και μάταια αναρωτιόταν ποιος του είχε κλέψει το μαγικό του λυχνάρι
and he vainly wondered who had robbed him of his magic lamp
Εκείνο το πρωί η πριγκίπισσα σηκώθηκε νωρίτερα από ό,τι συνήθως
That morning the Princess rose earlier than she normally
μια φορά την ημέρα αναγκαζόταν να υπομένει την παρέα των μάγων
once a day she was forced to endure the magicians company
Εκείνη, όμως, του φέρθηκε πολύ σκληρά
She, however, treated him very harshly
οπότε δεν τόλμησε να ζήσει μαζί της στο παλάτι
so he dared not live with her in the palace
Καθώς ντυνόταν, μια από τις γυναίκες της κοίταξε έξω και είδε τον Αλαντίν
As she was dressing, one of her women looked out and saw Aladdin
Η πριγκίπισσα έτρεξε και άνοιξε το παράθυρο

The Princess ran and opened the window
στο θόρυβο που έκανε τον Αλαντίν να σηκώσει τα μάτια
at the noise she made Aladdin looked up
Τον φώναξε να έρθει κοντά της
She called to him to come to her
ήταν μεγάλη χαρά για τους ερωτευμένους να ξαναδούν ο ένας τον άλλον
it was a great joy for the lovers to see each other again
Αφού τη φίλησε, ο Αλαντίν είπε:
After he had kissed her Aladdin said:
«Σε ικετεύω, πριγκίπισσα, για όνομα του Θεού»
"I beg of you, Princess, in God's name"
"Πριν μιλήσουμε για οτιδήποτε άλλο"
"before we speak of anything else"
"για το καλό σου και δικό μου"
"for your own sake and mine"
"Πες μου τι έγινε με το παλιό φωτιστικό"
"tell me what has become of the old lamp"
«Άφησα τη λάμπα στο γείσο στο χολ με είκοσι τέσσερα παράθυρα»
"I left the lamp on the cornice in the hall of four-and-twenty windows"
"Αλίμονο!" είπε, "Είμαι η αθώα αιτία της θλίψης μας"
"Alas!" she said, "I am the innocent cause of our sorrows"
και του είπε για την ανταλλαγή του μαγικού λυχναριού
and she told him of the exchange of the magic lamp
«Τώρα ξέρω», φώναξε ο Αλαντίν
"Now I know," cried Aladdin
"Πρέπει να ευχαριστήσουμε τον μάγο για αυτό!"
"we have to thank the magician for this!"
«Πού είναι το μαγικό λυχνάρι;»
"Where is the magic lamp?"
«Φέρνει τη λάμπα μαζί του», είπε η πριγκίπισσα
"He carries the lamp about with him," said the Princess
«Ξέρω ότι κουβαλάει τη λάμπα μαζί του»
"I know he carries the lamp with him"
"γιατί τράβηξε τη λάμπα από την τσέπη του στήθους

του για να μου δείξει"
"because he pulled the lamp out of his breast pocket to show me"
«Και εύχεται να σπάσω την πίστη μου μαζί σου και να τον παντρευτώ»
"and he wishes me to break my faith with you and marry him"
«Και είπε ότι αποκεφαλίστηκες με εντολή του πατέρα μου»
"and he said you were beheaded by my father's command"
«Μιλάει πάντα άσχημα για σένα»
"He is always speaking ill of you"
"Αλλά απαντώ μόνο με δάκρυα"
"but I only reply with my tears"
«Αν μπορώ να επιμείνω, δεν αμφιβάλλω»
"If I can persist, I doubt not"
"αλλά θα χρησιμοποιήσει βία"
"but he will use violence"
Ο Αλαντίν παρηγόρησε τη γυναίκα του
Aladdin comforted his wife
και την άφησε για λίγο
and he left her for a while
Άλλαξε ρούχα με τον πρώτο άνθρωπο που συνάντησε στην πόλη
He changed clothes with the first person he met in town
και αφού αγόρασε μια σκόνη, επέστρεψε στην πριγκίπισσα
and having bought a certain powder, he returned to the Princess
η πριγκίπισσα τον άφησε να μπει από μια μικρή πλαϊνή πόρτα
the Princess let him in by a little side door
«Φόρεσε το πιο όμορφο φόρεμά σου», της είπε
"Put on your most beautiful dress," he said to her
"Υποδεχτείτε τον μάγο με χαμόγελα σήμερα"
"receive the magician with smiles today"
"οδήγησέ τον να πιστέψει ότι με ξέχασες"
"lead him to believe that you have forgotten me"

«Προκάλεσέ τον να δειπνήσει μαζί σου»
"Invite him to sup with you"
«και πες του ότι θέλεις να δοκιμάσεις το κρασί της χώρας του»
"and tell him you wish to taste the wine of his country"
«Θα φύγει για λίγο καιρό»
"He will be gone for some time"
"Όσο θα φύγει θα σου πω τι να κάνεις"
"while he is gone I will tell you what to do"
Άκουσε προσεκτικά τον Αλαντίν
She listened carefully to Aladdin
και όταν εκείνος έφυγε, εκείνη ντύθηκε όμορφα
and when he left she arrayed herself beautifully
δεν είχε ντυθεί έτσι από τότε που είχε φύγει από την πόλη της
she hadn't dressed like this since she had left her city
Φόρεσε μια ζώνη και μια κεφαλή από διαμάντια
She put on a girdle and head-dress of diamonds
ήταν πιο όμορφη από ποτέ
she was more beautiful than ever
και δέχτηκε τον μάγο με ένα χαμόγελο
and she received the magician with a smile
«Έχω αποφασίσει ότι ο Αλαντίν είναι νεκρός»
"I have made up my mind that Aladdin is dead"
"Τα δάκρυα μου δεν θα τον φέρουν πίσω σε μένα"
"my tears will not bring him back to me"
«Έτσι είμαι αποφασισμένος να μην θρηνήσω άλλο»
"so I am resolved to mourn no more"
"Γι' αυτό σας προσκαλώ να δειπνήσετε μαζί μου"
"therefore I invite you to sup with me"
"αλλά έχω βαρεθεί τα κρασιά που έχουμε"
"but I am tired of the wines we have"
«Θα ήθελα να δοκιμάσω τα κρασιά της Αφρικής»
"I would like to taste the wines of Africa"
Ο μάγος έτρεξε στο κελάρι του
The magician ran to his cellar
και η πριγκίπισσα έβαλε τη σκόνη που της είχε δώσει ο

Αλαντίν στο φλιτζάνι της
and the Princess put the powder Aladdin had given her in her cup
Όταν επέστρεψε, του ζήτησε να πιει για την υγεία της
When he returned she asked him to drink to her health
και του έδωσε το φλιτζάνι της με αντάλλαγμα το δικό του
and she handed him her cup in exchange for his
Αυτό έγινε ως σημάδι για να δείξει ότι συμφιλιώθηκε μαζί του
this was done as a sign to show she was reconciled to him
Πριν πιει ο μάγος της έκανε μια ομιλία
Before drinking the magician made her a speech
ήθελε να υμνήσει την ομορφιά της
he wanted to praise her beauty
αλλά η Πριγκίπισσα τον έκοψε απότομα
but the Princess cut him short
"Ας πιούμε πρώτα"
"Let us drink first"
«Και θα πεις ό,τι θέλεις μετά»
"and you shall say what you will afterwards"
Έβαλε το φλιτζάνι της στα χείλη της και το κράτησε εκεί
She set her cup to her lips and kept it there
ο μάγος στράγγισε το φλιτζάνι του στο κατακάθι
the magician drained his cup to the dregs
και μόλις τελείωσε το ποτό του έπεσε πίσω άψυχος
and upon finishing his drink he fell back lifeless
Η πριγκίπισσα άνοιξε τότε την πόρτα στον Αλαντίν
The Princess then opened the door to Aladdin
και πέταξε τα χέρια της γύρω από το λαιμό του
and she flung her arms round his neck
αλλά ο Αλαντίν της ζήτησε να τον αφήσει
but Aladdin asked her to leave him
υπήρχαν ακόμη περισσότερα που έπρεπε να γίνουν
there was still more to be done
Στη συνέχεια πήγε στον νεκρό μάγο

He then went to the dead magician
και έβγαλε τη λάμπα από το γιλέκο του
and he took the lamp out of his vest
είπε στο τζίνι να μεταφέρει το παλάτι πίσω
he bade the genie to carry the palace back
η πριγκίπισσα στην κάμαρά της ένιωσε μόνο δύο μικρά σοκ
the Princess in her chamber only felt two little shocks
σε λίγη ώρα ήταν ξανά στο σπίτι
in little time she was at home again
Ο Σουλτάνος καθόταν στο μπαλκόνι του
The Sultan was sitting on his balcony
θρηνούσε για τη χαμένη του κόρη
he was mourning for his lost daughter
σήκωσε το βλέμμα του και έπρεπε να τρίψει ξανά τα μάτια του
he looked up and had to rub his eyes again
το παλάτι στεκόταν εκεί όπως πριν
the palace stood there as it had before
Πήγε βιαστικά στο παλάτι για να δει την κόρη του
He hastened over to the palace to see his daughter
Ο Αλαντίν τον υποδέχτηκε στην αίθουσα του παλατιού
Aladdin received him in the hall of the palace
και η πριγκίπισσα ήταν στο πλευρό του
and the princess was at his side
Ο Αλαντίν του είπε τι είχε συμβεί
Aladdin told him what had happened
και του έδειξε το νεκρό σώμα του μάγου
and he showed him the dead body of the magician
για να τον πιστέψει ο Σουλτάνος
so that the Sultan would believe him
Κηρύχτηκε δεκαήμερο γλέντι
A ten days' feast was proclaimed
και φαινόταν σαν ο Αλαντίν να ζούσε τώρα την υπόλοιπη ζωή του ήσυχος
and it seemed as if Aladdin might now live the rest of his life in peace

αλλά η ζωή του δεν επρόκειτο να είναι τόσο γαλήνια όσο ήλπιζε
but his life was not to be as peaceful as he had hoped
Ο Αφρικανός μάγος είχε έναν μικρότερο αδερφό
The African magician had a younger brother
ήταν ίσως ακόμη πιο πονηρός και πονηρός από τον αδερφό του
he was maybe even more wicked and cunning than his brother
Ταξίδεψε στο Αλαντίν για να εκδικηθεί τον θάνατο του αδελφού του
He travelled to Aladdin to avenge his brother's death
πήγε να επισκεφτεί μια ευσεβή γυναίκα που την έλεγαν Φατίμα
he went to visit a pious woman called Fatima
σκέφτηκε ότι μπορεί να του ήταν χρήσιμη
he thought she might be of use to him
Μπήκε στο κελί της και της έβαλε ένα στιλέτο στο στήθος
He entered her cell and put a dagger to her breast
τότε της είπε να σηκωθεί και να κάνει το κουμάντο του
then he told her to rise and do his bidding
και αν δεν το έλεγε θα τη σκότωνε
and if she didn't he said he would kill her
Άλλαξε ρούχα μαζί της
He changed his clothes with her
και έβαψε το πρόσωπό του σαν το δικό της
and he coloured his face like hers
της φόρεσε το πέπλο έτσι που της έμοιαζε
he put on her veil so that he looked just like her
και τελικά τη δολοφόνησε παρά τη συμμόρφωσή της
and finally he murdered her despite her compliance
ώστε να μην λέει παραμύθια
so that she could tell no tales
Μετά πήγε προς το παλάτι του Αλαντίν
Then he went towards the palace of Aladdin
όλοι οι άνθρωποι νόμιζαν ότι ήταν η αγία γυναίκα

all the people thought he was the holy woman
μαζεύτηκαν γύρω του για να του φιλήσουν τα χέρια
they gathered round him to kiss his hands
και παρακαλούσαν για την ευλογία του
and they begged for his blessing
Όταν έφτασε στο παλάτι έγινε μεγάλη ταραχή γύρω του
When he got to the palace there was a great commotion around him
η πριγκίπισσα ήθελε να μάθει τι ήταν όλος ο θόρυβος
the princess wanted to know what all the noise was about
έτσι παρακάλεσε τον υπηρέτη της να κοιτάξει έξω από το παράθυρο
so she bade her servant to look out of the window
και ο υπηρέτης της ρώτησε τι ήταν ο θόρυβος
and her servant asked what the noise was all about
ανακάλυψε ότι ήταν η αγία γυναίκα που προκαλούσε την ταραχή
she found out it was the holy woman causing the commotion
θεράπευε τους ανθρώπους από τις ασθένειές τους αγγίζοντας τους
she was curing people of their ailments by touching them
η πριγκίπισσα ήθελε από καιρό να δει τη Φατίμα
the Princess had long desired to see Fatima
έτσι έβαλε τον υπηρέτη της να τη ζητήσει να μπει στο παλάτι
so she got her servant to ask her into the palace
και η ψεύτικη Φατίμα δέχτηκε την προσφορά να μπει στο παλάτι
and the false Fatima accepted the offer into the palace
ο μάγος έκανε μια προσευχή για την υγεία και την ευημερία της
the magician offered up a prayer for her health and prosperity
η πριγκίπισσα τον έβαλε να καθίσει δίπλα της
the Princess made him sit by her
και τον παρακάλεσε να μείνει μαζί της
and she begged him to stay with her

Η ψεύτικη Φατίμα δεν ευχήθηκε τίποτα καλύτερο
The false Fatima wished for nothing better
και συναίνεσε στην επιθυμία της πριγκίπισσας
and she consented to the princess' wish
αλλά κράτησε το πέπλο του
but he kept his veil down
γιατί ήξερε ότι αλλιώς θα τον ανακάλυπταν
because he knew that he would be discovered otherwise
Η πριγκίπισσα του έδειξε την αίθουσα
The Princess showed him the hall
και τον ρώτησε τι πιστεύει για το χολ
and she asked him what he thought of the hall
«Είναι μια πραγματικά όμορφη αίθουσα», είπε η ψεύτικη Φατίμα
"It is a truly beautiful hall," said the false Fatima
"αλλά στο μυαλό μου το παλάτι σου θέλει ακόμα ένα πράγμα"
"but in my mind your palace still wants one thing"
«Και τι είναι αυτό που λείπει από το παλάτι μου;» ρώτησε η πριγκίπισσα
"And what is it that my palace is missing?" asked the Princess
"Αν μόνο ένα αυγό του Roc κρεμόταν από τη μέση αυτού του θόλου"
"If only a Roc's egg were hung up from the middle of this dome"
«τότε το παλάτι σου θα ήταν το θαύμα του κόσμου», είπε
"then your palace would be the wonder of the world," he said
Μετά από αυτό η πριγκίπισσα δεν μπορούσε να σκεφτεί τίποτα άλλο παρά το αυγό του Ροκ
After this the Princess could think of nothing but the Roc's egg
όταν ο Αλαντίν επέστρεψε από το κυνήγι τη βρήκε με ένα πολύ κακό χιούμορ
when Aladdin returned from hunting he found her in a very ill humour
Παρακαλούσε να μάθει τι δεν πάει καλά
He begged to know what was amiss

και του είπε τι της είχε χαλάσει την ευχαρίστηση
and she told him what had spoiled her pleasure
"Έχω γίνει μίζερος για την ανάγκη ενός αυγού του Roc"
"I'm made miserable for the want of a Roc's egg"
«Αν αυτό είναι το μόνο που θέλεις, θα είσαι σύντομα ευτυχισμένος», απάντησε ο Αλαντίν
"If that is all you want you shall soon be happy," replied Aladdin
την άφησε και έτριψε τη λάμπα
he left her and rubbed the lamp
όταν εμφανίστηκε το τζίνι τον πρόσταξε να φέρει ένα αυγό του Ροκ
when the genie appeared he commanded him to bring a Roc's egg
Το τζίνι έβγαλε μια τόσο δυνατή και τρομερή κραυγή που η αίθουσα σείστηκε
The genie gave such a loud and terrible shriek that the hall shook
"Φουκαράς!" φώναξε, "δεν φτάνει που έκανα τα πάντα για σένα;"
"Wretch!" he cried, "is it not enough that I have done everything for you?"
«Μα τώρα μου δίνεις εντολή να φέρω τον κύριό μου»
"but now you command me to bring my master"
"και θες να τον κρεμάσω στη μέση αυτού του θόλου"
"and you want me to hang him up in the midst of this dome"
«Εσείς και η γυναίκα σας και το παλάτι σας αξίζει να καείτε σε στάχτη»
"You and your wife and your palace deserve to be burnt to ashes"
"αλλά αυτό το αίτημα δεν προέρχεται από εσάς"
"but this request does not come from you"
"Η απαίτηση προέρχεται από τον αδερφό του μάγου"
"the demand comes from the brother of the magician"
"ο μάγος που έχεις καταστρέψει"
"the magician whom you have destroyed"
«Είναι τώρα στο παλάτι σου μεταμφιεσμένος στην αγία

γυναίκα»
"He is now in your palace disguised as the holy woman"
«Η αληθινή αγία γυναίκα που έχει ήδη δολοφονήσει»
"the real holy woman he has already murdered"
«Ήταν αυτός που έβαλε αυτή την επιθυμία στο κεφάλι της γυναίκας σου»
"it was him who put that wish into your wife's head"
«Πρόσεχε τον εαυτό σου, γιατί θέλει να σε σκοτώσει»
"Take care of yourself, for he means to kill you"
μόλις το είπε αυτό, το τζίνι εξαφανίστηκε
upon saying this, the genie disappeared
Ο Αλαντίν επέστρεψε στην Πριγκίπισσα
Aladdin went back to the Princess
της είπε ότι πονούσε το κεφάλι του
he told her that his head ached
Έτσι ζήτησε να φέρουν την αγία Φατίμα
so she requested the holy Fatima to be fetched
μπορούσε να βάλει τα χέρια της στο κεφάλι του
she could lay her hands on his head
και ο πονοκέφαλος του θα γιατρευόταν με τις δυνάμεις της
and his headache would be cured by her powers
όταν ο μάγος πλησίασε ο Αλαντίν άρπαξε το στιλέτο του
when the magician came near Aladdin seized his dagger
και τον τρύπησε στην καρδιά
and he pierced him in the heart
«Τι έκανες; φώναξε η πριγκίπισσα
"What have you done?" cried the Princess
«Σκοτώσατε την αγία γυναίκα!»
"You have killed the holy woman!"
«Δεν είναι έτσι», απάντησε ο Αλαντίν
"It is not so," replied Aladdin
«Έχω σκοτώσει έναν κακό μάγο»
"I have killed a wicked magician"
και της είπε πώς την είχαν εξαπατήσει
and he told her of how she had been deceived

- 44 -

Μετά από αυτό ο Αλαντίν και η σύζυγός του έζησαν ειρηνικά
After this Aladdin and his wife lived in peace
Διαδέχθηκε τον Σουλτάνο όταν πέθανε
He succeeded the Sultan when he died
βασίλεψε στο βασίλειο για πολλά χρόνια
he reigned over the kingdom for many years
και άφησε πίσω του μια μακρά γενεαλογία βασιλιάδων
and he left behind him a long lineage of kings

Το Τέλος
The End

www.ingramcontent.com/pod-product-compliance
Lightning Source LLC
Chambersburg PA
CBHW012009090526
44590CB00026B/3946